Peter Kruppa

# Aalen

Text von Eugen Hafner

Konrad Theiss Verlag

**Bildnachweis**

 1: Luftbild Brugger, Stuttgart
53: Werkfotos Erlau AG, Aalen
75: Werkfoto Alfing Kessler GmbH, Aalen
76: Werkfotos Schwäbische Hüttenwerke GmbH, Aalen
81: Werkfoto RUD-Kettenfabrik Rieger und Dietz GmbH & Co., Aalen

Alle übrigen Aufnahmen: Peter Kruppa, Aalen

Die Deutsche Bibliothek – CIP-Einheitsaufnahme

**Aalen** / Peter Kruppa. Text von Eugen Hafner. – 2., neubearb.
Aufl. – Stuttgart : Theiss, 1995
   ISBN 3-8062-1182-5
NE: Kruppa, Peter; Hafner, Eugen

Umschlaggestaltung: Jürgen Reichert,
Stuttgart
Übersetzungen: Claudia Ade Team, Stuttgart
(David Allison, Christa Littner-Ecker, M.A.) und
Susanne Stephan, Stuttgart

© Konrad Theiss Verlag GmbH & Co.,
Stuttgart 1989
2., neubearbeitete Auflage 1995
Alle Rechte vorbehalten
Gesamtherstellung: Grafische Betriebe
Süddeutscher Zeitungsdienst Aalen
Printed in Germany
ISBN 3-8062-1182-5

# Sonnige Stadt am Fuße der Ostalb

*Eine Stadt wächst zusammen*

Die landesweite Verwaltungsreform von 1971 brachte auch für Aalen und sein Umland einschneidende Veränderungen. Bedeutende Gemeinden, mit der Stadt bisher schon wirtschaftlich verbunden, nämlich Dewangen, Ebnat, Fachsenfeld, Hofen, Unterkochen, Waldhausen und das 1951 zur Stadt erhobene Wasseralfingen, wurden der Kernstadt als Verwaltungsbezirke eingegliedert, nachdem im Westen der Stadt Hofherrnweiler und Unterrombach schon 1938 eingemeindet worden waren. Aalen wuchs zu einem großflächigen Zentrum, das mit Ebnat und Waldhausen vom Härtsfeld und mit Dewangen und Fachsenfeld bis ins Welland reicht und in dem heute über 67 000 Menschen wohnen.

Nur zehn Prozent der Gemarkung von über 146 Quadratkilometer sind überbaut, ein Drittel des Gebietes ist Wald. Von Westen her weht fast ständig eine leichte Brise: Aalen ist fast das ganze Jahr nebelfrei und bietet noch immer gute, gesunde Luft. Aus- und Einpendler in die zahlreichen Betriebe der Kochertal-Achse und die Anziehungskraft der Aalener Geschäfte haben zum Zusammenwachsen der Bevölkerung dieser »Stadtlandschaft« (H. Baumhauer) beigetragen.

*In der Aalener Bucht*

Man hat sie lange verkannt wie den Charme der alten Reichsstadt: die liebliche Landschaft der Aalener Bucht. Langsam steigen die Fluren zur Waldgrenze empor, und dann geht's, ein wenig steiler werdend, hinauf zu den Höhenzügen von Albuch und Härtsfeld, die vom Tal des jungen Kochers durchbrochen werden.

Den Geologen ist ein solch anschaulicher Aufriß von Sedimenten des einstigen Jurameeres schon lange Anlaß zum Suchen und Forschen gewesen. Der Lehrpfad beim Besucherbergwerk am Braunenberg zeigt, wie die Formationen Schwarzer, Brauner und Weißer Jura aufgeschichtet sind, wie sie unterschieden und durch Leitfossilien dargestellt werden können.

Zur Absicherung ihres Imperiums gegen Einfälle der Germanen schoben die Römer einst ihre Grenzen bis hierher ins Vorland der Alb. Um 150 n. Chr. errichteten sie hier das größte Reiterlager am rätischen Limes, in dem sie die Ala II Flavia, eine 1000 Mann starke Reitertruppe, stationierten. Die Römer kamen als Militärmacht, sie brachten aber auch, reiches Fundmaterial beweist es, die Kultur eines Weltreiches mit. So ist das schon 1963 im Kastellbereich errichtete Limesmuseum Aalen Dokumentation dafür, wie man einst auf römischem Territorium lebte. Neuere Freilegungen an der Principia, dem Stabsgebäude, und ihrer Umgebung, bleiben erhalten und zeigen seit 1988 als Freilichtmuseum die beeindruckende Größe der Anlage.

*Stadtluft macht frei*

Siedlungskontinuität nach der alamannischen Landnahme bis zur staufischen Stadtgründung von 1240 ist zwar nicht gesichert, darf aber angenommen werden. Eher durch einen glücklichen Zufall wurde Aalen 1360 Freie Reichsstadt.

»Stadtluft macht frei.« Es gab aber auch mancherlei Zwänge für die kleine Stadt. Gegen den Willen des Patronatsherren, des Ellwanger Fürstpropstes, entschloß sich der Rat 1575, dem Beispiel der meisten Reichsstädte folgend, die Reformation einzuführen. Von der Katastrophe des Stadtbrandes 1634 nach der Schlacht von Nördlingen hat sich Aalen nur langsam wieder erholt.

1803 wurde es württembergische Oberamtsstadt. Langsam veränderte sich sein äußeres Bild. Die Stadtmauern wurden durchbrochen, die Wälle eingeebnet, Tore und Türme abgetragen. Nach den verheerenden Jahren der Napoleonischen Kriege war endlich Frieden eingekehrt, aber nur allmählich ging's aufwärts.

Mit dem »Drahtzug« auf der Erlau erhielt die Stadt 1828 den ersten Fabrikbetrieb. Der Bau der Remsbahn zwischen Cannstatt und Wasseralfingen, die 1861 eröffnet wurde, brachte Geld unter die Leute. Das königliche Edikt über die Gewerbefreiheit von 1862 ließ manchen kleinen Handwerker seinen Laden dicht machen und in die Fabrik gehen. Einige Handwerksmeister hatten Erfolg und Glück, sie wurden Fabrikanten. Rauchende Schlote, auch wenn sie mit ihrem Ruß alles verdreckten, wurden für Aalen zum Symbol für Fortschritt und Wohlstand.

In der Zwischenzeit ist die Dampfmaschine als zentrale Kraftquelle aufgegeben, und im Westen und Norden von Aalen, Wasseralfingen und Unterkochen sind in den letzten Jahrzehnten neue, umweltfreundliche Industriegebiete entstanden. Ihren Nachwuchs an technischen Führungskräften holen sich viele dieser Betrieb von der Fachhochschule Aalen, wo in zehn Studiengängen seit 1963 Ingenieure ausgebildet werden. In räumlicher Nähe zur Fachhochschule ist das Technologiezentrum Aalen entstanden, das jungen Ingenieuren, die Ideen haben, Starthilfe zu unternehmerischer Selbständigkeit bietet.

*Knotenpunkt von Straßen und Eisenbahn*

Die günstige Lage am Fuße der Ostalb, die hier vom Kocher durchbrochen wird, hat Aalen schon früh zum Schnittpunkt wichtiger Fernstraßen werden lassen (heute B 19 und B 29). Und seit 1987 die letzte Lücke der Autobahn 7, die Würzburg mit Ulm verbindet, geschlossen wurde, ist die Stadt mit dem europäischen Autobahnnetz verbunden. Auch als Bahnknotenpunkt ist Aalen nach wie vor bedeutend. Nach Stuttgart und Ulm verkehren Eil- und Schnellzüge im Stundentakt, und auch die Interregio-Züge, die einen noch besseren Anschluß an das Intercity-Netz bringen, fahren über Aalen. Elektrische Traktion und Diesellokomotiven haben die rußblasenden Dampffresser von einst verdrängt: an Aalen führt kein Weg vorbei.

*Erz aus dem Braunenberg*

Im Braunjura Beta, dem rund 50 Meter mächtigen Eisensandstein, wurde schon im Mittelalter der hohe Eisenerzgehalt entdeckt und ausgebeutet. Zwischen 1365 und 1945 wurden diese Flöze zuerst im Tagebau, vom 18. Jahrhundert an auch im Stollenbetrieb abgebaut und in Schmelzöfen verhüttet. Am bedeutendsten geworden ist das Schmelzwerk Wasseralfingen, dessen erster Hochofen schon 1671 angeblasen wurde. Das Hüttenwerk nahm im 19. Jahrhundert einen gewaltigen Aufschwung, besonders unter Bergrat Wilhelm von Faber du Faur, der das Schmelzverfahren durch eine Reihe von bedeutenden Erfindungen verbesserte und das Werk zur Hauptgießerei Württembergs machte. Die Schwäbische Hüttenwerke GmbH ist heute mehrheitlich in Landesbesitz. Wenn auch aus Rentabilitätsgründen der letzte Hochofen 1925 ausgeblasen wurde, so hat man doch bis 1945 weiterhin Erz aus dem Braunenberg, aber auch links vom Kocher, in der Aalener Grube, abgebaut.

Anschaulich gemacht wird die Geschichte des heimischen Bergbaues, wenn man den 1979 eröffneten Bergbaupfad begeht. 1987 wurde das Besucherbergwerk »Tiefer Stollen« eröffnet. Mit einer Grubenbahn werden die Besucher waagrecht 800 Meter weit in den Berg hineingefahren, wo sich ihnen, wiederhergestellt bis ins Detail, die Technik des Abbaus, aber auch die Arbeit der Bergleute, anschaulich erschließt. Die heilende Wirkung des unterirdischen Klimas hat 1989 zur Einrichtung einer ärztlich kontrollierten Asthma-Therapie-Station geführt. Wer an Erkrankungen der Atemorgane leidet, kann hier Linderung seiner Beschwerden erfahren.

*Das Stadtbild erhalten*

Bei allem stürmischen Vorwärtsdrängen, besonders in den letzten Jahren, haben es die Aalener Stadtväter verstanden, der Altstadt ihren liebenswürdigen Charme zu erhalten. Kluge städtische Grundstückspolitik sorgte dafür, daß alte, verrottete Bausubstanz durch Neubauten ersetzt wurde, die sich ins vertraute Stadtbild einpassen. Früher als anderswo hat man die Altstadt, die in Verkehrsdrang und Abgasen fast zu ersticken drohte, zur bürgerfreundlichen Fußgängerzone umfunktioniert. Wo alte Häuser erhaltenswert schienen, wie etwa im romantischen Zug der Radgasse, Aalens Vorzeige-Winkel, wurde Balken um Balken restauriert. Nicht nur moderne Geschäfte, auch zeitgemäße Wohnungen machen die Kernstadt interessant und lebenswert.

Auch im Bereich der Gastronomie hat sich vieles verändert, und unter manchem historischen Wirtshausschild bekommt man heute Exotisches serviert. Noch aber halten einige heimische Küchenmeister das Banner Alt-Aalener Gastlichkeit hoch und die Preise so erträglich wie möglich. Und dann gibt's auch noch die gemütlichen Kneipen, Pubs und kleinen Cafés mit ihren ausgesucht ungeläufigen Namen.

Am Marktplatz beherbergt das Alte Rathaus heute das in Fachkreisen weithin bekannte Urweltmuseum mit Versteinerungen aus den Sedimenten des Jurameeres, das einstmals die Aalener Bucht bedeckt hat. Und vom Türmle dieses ältesten Aalener Rathausbaus grüßt der Spion, das Wahrzeichen der Stadt, der schon 1797 dem durchreisenden Herrn Goethe als »Tobaksraucher« aufgefallen ist. Die »Krone-Post« daneben, von 1907 bis 1975 Domizil der Stadtverwaltung, hat neue Gäste bekommen: Im einstigen Sitzungssaal hat das Theater der Stadt Aalen, ein Ensemble von jungen Berufsschauspielern, eine Heimstatt gefunden, und auch der Kunstverein hat hier eine Galerie für ständige Ausstellungen erhalten. Im Heimat- und Schubart-Museum zeigt die Stadt Erinnerungsstücke aus der Geschichte der Stadt und ihres bedeutendsten Sohnes, des Freiheitsdichters Christian F. D. Schubart.

Den Marktbrunnen ziert eine Skulptur des Kaisers Joseph I. Zu seinen Füßen breitet sich zweimal in der Woche der Aalener Wochenmarkt aus, der dank seines reichen Angebots besonderen Ruf hat. Hier trifft man sich zum Gespräch: Der Markt als Ort bürgerlicher Kommunikation.

Draußen vor dem Gmünder Tor ist das Torhaus entstanden, ein großzügig gegliedertes Kulturzentrum für Stadtbibliothek und Volkshochschule. Und unterhalb der Schillerhöhe steht gleich neben dem Limesmuseum der »Musentempel« der Stadt, die Stadthalle, 1957 erbaut und in den Jahren 1988/89 erweitert und umgestaltet, so daß hier jetzt auch anspruchsvolle Orchester und Theatergruppen gastieren können.

*Freizeit und Sport*

Sinnvolle Freizeitgestaltung, das ist auch eine Herausforderung an die Kommunen. Der Stadt kommt es auf die Hilfe zur Selbsthilfe an. Vereine für Sport und Leibesübungen erhalten Zuschüsse zum Ausbau ihrer Stadien, Hallen und Heime, denn Breitensport erst macht Spitzenleistungen möglich. Wanderparkplätze sind Ausgangspunkt von Wanderwegen auf dem Härtsfeld und auf dem Albuch, wo man vom Aussichtsturm auf dem Aalbäumle weit ins Land sehen kann, und hinter Unterkochen lockt in lauschiger Waldeinsamkeit der Kocherursprung mit seinen vielen munteren Quellen.

Zwischen dem Waldgebiet Rohrwang und der Stadt liegt das große Sportzentrum mit Sportplätzen, Sporthalle, Kunsteisbahn und mit der großzügigen Anlage des Reitvereins Aalen. Für die Freunde des Skisports gibt es 50 Kilometer Langlaufpisten und einen Skilift.

Präventiv-Medizin: Wer sich regelmäßig in gesunder Luft bewegt oder im sprudelnden Thermalwasser, der muß nicht so oft zum Arzt. Darum kommen viele Besucher in die 1985 eröffneten Limes-Thermen, das Aalener Mineralbad, wo sie bei einer Wassertemperatur von 35 Grad in mehreren Becken, überdacht und im Freien »Baden wie die Römer« können. Und dies vor einem Panorama, das vom Braunenberg über die Ellwanger Berge bis zum Welland reicht. Eine 1994 unmittelbar neben den Thermen eröffnete großzügige Hotel-Anlage wird nicht nur von Badegästen stark frequentiert.

## Kleinod am Wege

Kirchen und Kapellen des Aalener Raumes bieten auch dem Kunstkenner noch Entdeckerfreuden: im alten Stefanskirchle von Wasseralfingen den hochgotischen Flügelaltar von Martin Schaffner, die ev. Kirche von Fachsenfeld, auf dem Kirchenberg von Unterkochen die wieder zu strahlendem Glanz gebrachte Marienwallfahrtskirche, die im Rokoko entstandene Stadtkirche von Aalen, die Johanneskirche auf dem Aalener Friedhof, der älteste Sakralbau in Ostwürttemberg, die Gemäldesammlung im Schloß Fachsenfeld und der Totentanz von Sieger Köder, Anziehungspunkt in der Aussegnungshalle auf dem Friedhof von Ebnat, um nur einige Beispiele zu nennen.

# Sunlit town beneath the slopes of the Swabian Jura

*A town grows together*

The regional administration reform from 1971 onwards brought decisive changes for Aalen and its vicinity. Important communities which had up to then been economically connected with the town, i. e. Dewangen, Ebnat, Fachsenfeld, Hofen, Unterkochen, Waldhausen and Wasseralfingen – which later had come to be a town in 1951 – were connected with the central town as administration municipalities, upon Hofherrnweiler and Unterrombach in the West having already been incorporated in 1938. Aalen grew to be an extensive centre, reaching with Ebnat and Waldhausen from the Härtsfeld and with Dewangen and Fachsenfeld to the Welland, and which today has 67 000 inhabitants. Only 10% of the district of more than 146 square kilometres have been built on: one third of the district consists of woods. A slight breeze blows almost constantly from the West: Aalen is free of fog almost the whole year over and still has clean, healthy air. Commuters to the numerous enterprises of the Kocher axis and the attraction of the Aalen shops have contributed to the close ties among the inhabitants of his »urban landscape« (H. Baumhauer).

*In the Aalen Basin*

It was underrated for a long time, as was the charm of the ancient imperial town: the pleasant landscape of the Aalen Basin. Slowly the slopes ascend to the forest border and then, more steeply, up to the hill range of Albuch and Härtsfeld, divided by the valley of the narrow Kocher.
Such a visual sheer plan of sediments of the former Jurassic Sea has always been the ground for geologists to search and research. The instruction path near the mine for visitors at the Braunenberg hill shows how the formations of black, brown and white Jura are stratified, how they can be differentiated and demonstrated by way of index fossils.
In order to fortify their empire against the Teutons, the Romans set their frontiers here, in the foreland of the Swabian Alb. Around 150 A. D., they stationed here, at the Rhaeto-Roman Limes, their largest camp, i. e. the Ala II Flavia, a cavalry troop of 1000 men. The Romans came as a military force; however, it is made evident that they also brought with them the culture of an empire. The Limes Museum of Aalen, established in 1963 on the grounds of the citadel, gives evidence regarding the manner in which people lived on Roman territory. Later excavations of the Principia, the staff building, and its surroundings have been conserved; since 1988 they show as an open-air museum the impressing size of the complex.

*Town atmosphere promotes initiative*

The settling continuity following the Alemanic conquest until the Hohenstaufen town-establishment in 1240 is, indeed, not proved but can be assumed. It was a happy coincidence which gave Aalen the status of a free imperial town in the year 1360.
»Town atmosphere promotes initiative«. However, there was still much pressure on the little town. In 1575, the Council decided against the will of the Patron, the Prince-Provost of Ellwangen, to follow the example of most of the imperial cities and to introduce the Reformation. Aalen took a very long time to recover from the catastrophe of the fire in 1634 following the battle of Nördlingen.

In 1803, Aalen received the status of an administrative town in Württemberg. Slowly, it changed its outward appearance; the town-walls were broken down, the walls demolished, gates and towers vanished. After the devastating years of the Napoleonic wars, peace had come at last, but recovery took time. With the wire-rope works on the Erlau, the town started its first factory in 1828. The construction of the railway »Remsbahn« between Cannstatt and Wasseralfingen, which started operations in 1861, brought money to the area. The Royal Edict regarding free access to trade in 1862 caused many a small tradesman to close down his shop and go to the factory. Some mastercraftsmen were successful and lucky – later they were factory owners. Smoking chimneys, even though they made everything sooty, were for Aalen the symbol of progress and prosperity.

In the meantime, the steam engine as central source of power has been given up, and to the West and North of Aalen, Wasseralfingen and Unterkochen new, environmentally favourable branches of industry have emerged over the past decades. Many of these enterprises get their prospective technical executives from the Technical Highschool of Aalen, where engineers are being trained in ten study courses since 1963.

Near the Technical Highschool the Technology Centre of Aalen has been founded, offering to young engineers who have ideas a starting opportunity to become independent.

*Intersection of roads and railway*

The favourable position below the Alb and at the Kocher, cutting through the Swabian Jura at this point, occassioned that Aalen came to be the intersection of important highways (today B 19 and B 29) at a relatively early date. Since the last gap of the Autobahn 7 – connecting Würzburg with Ulm – was closed in 1987, the town is connected to the European motorway-network.

Aalen is still of importance as a junction for the railway. Express trains and corridor trains run every hour and the interregio trains which are a better connection for the intercity trains, now run via Aalen. Electrical traction and Diesel locomotives have long since replaced the soot-blowing »iron horses«: there's no way to evade Aalen!

*Ore from the Braunenberg*

In the Middle Ages, the significant content of iron-ore in the Brown Jura Beta, the approximately 50 metres of mighty iron sandstone, was discovered and exploited. Between the years 1365 and 1945, these seams were first worked in open-pit mining and then, from the 18th Century onward, in tunneling, and were then smelted in melting furnaces. Most important are the melting works Wasseralfingen, of which the first blast-furnace was put on the blast in 1671. In the 19th Century, the smelting works experienced a mighty boom, especially under the supervision of Wilhelm von Faber du Faur, who improved the smelting process with a series of significant inventions; the smelting-works came to be the main foundry in Württemberg. The Schwäbische Hüttenwerke GmbH is now mainly owned by the state of Baden-Württemberg. Even though the last blast-furnace was put out in 1925 on profitability grounds, ore was won from the Braunenberg and also from the Aalener Grube to the left of the Kocher until 1945.

The history of local mining becomes evident when one walks along the »mining path«, opened to the public in 1979. The mine »Tiefer Stollen« was opened to the public in 1987. On a pit railway, visitors drive horizontally 800 metres into the hill, where they can see the technique of mining and the work of the miners in detail.

For the healthy effect of the subterranean climate a clinic for asthma therapy has been installed in 1989. Patients who suffer from respiratory illnesses can find some relief here.

*The town landscape preserved*

Despite impetuous progress, especially during the past few years, the Councillors of Aalen have succeeded in keeping and preserving the charm of an ancient town. Intelligent real-estate policy has brought about that old, rotting building substance was replaced by new buildings which are fitting into the landscape of the town. Earlier than anywhere else, the old town which was almost suffocating with traffic and exhaust-gases was converted into a pleasant pedestrian zone. There were old houses seemed to be worth restoring – such as those in the romantic Radgasse, Aalen's presentation corner – the old beams were restored one after the other. Not only modern shops but also functional flats make the town-centre interesting and worth living in.

Much has also changed in the catering trade, and many a historical tavern-sign hides a restaurant in which exotic meals are offered. Some local chefs, however, still keep to the hospitality of ancient Aalen, and also keep to the prices as far as possible. And then there are also the cosy pubs and little coffee-houses with quaint old names.

In the old town-hall on the market place there is the famous Prehistoric Museum with fossilizations from the sediments of the Jurassic Sea which once covered the Aalen Basin. And visitors looking at the little turret of this oldest Aalen town-hall constructions are greeted by the town's emblem, the spy, noted by Goethe the traveller as »tobacco-smoker«. Next to it, the guesthouse »Krone-Post« which housed the town administration from 1907 to 1975, has now new guests: In the former meeting hall, the theatre of the city of Aalen – an ensemble of young professional actors – has found a place to stay, and also the art association has a gallery at its disposal for permanent exhibitions. In the Museum of Local History and Schubart-Museum, the town displays items from local history and that of its most famous son Christian F. D. Schubart – the poet of liberty. On the market fountain there is a sculpture of the Emperor Joseph I. Beneath this statue, the Aalen market is held twice a week; it has a special reputation on account of its versatility. Here, one meets friends for a chat – the market as place of communication.

Outside the gate Gmünder Tor, the »Torhaus« was built – a generously constructed cultural centre for municipal library and night-school. And below the Schillerhöhe, there is right next to the Limes Museum the town's »Temple of the Muses« – the municipal hall, build in 1957, enlarged and reconstructed in 1988/89, so that now, highbrow orchestras and theatre ensembles can perform here, too.

*Recreation and sports*

Adequate organization of leasure time: that is a challenge to communities everywhere. The town depends on help for self-help. Sports and gymnastics clubs receive contributions for the enlargement of their stadium, athletics hall and club-houses. Good results can only be achieved with a broad spectrum of possibilities. Parking lots are the startingpoint for walking tours on the Härtsfeld and Albuch hills. From the look-out tower on the Aalbäumle one has a splendid country view behind Unterkochen, among woods and glades, one can see the source of the River Kocher with its numerous sparkling wells.

Between the Rohrwang woods and the town, the wide-spread sports centre is situated with the sports-grounds, gymnastics hall, artificial ice-rink and with generously spread grounds of the riding club of Aalen. There is a 50 km cross-country track and a skilift for skiing fans.

Preventive medicine: Those who walk regularly in healthy, fresh air or swim in bubbly thermal water need not visit the doctor so often. Therefore, many visitors come to the Limes-Thermen – the mineral swimming-pool of Aalen, openend in 1985, where they can »bathe like the Romans« at a temperature of 35° Celsius (95° Fahrenheit) in several pools – indoor and outdoor. And this in regarding a landscape reaching from the Braunenberg over the hills of Ellwangen to the Welland. A vaste hotel complex opened in 1994 next to the thermal springs enjoys great popularity not only among the visitors of the spa.

*Treasures along the way-side*

Connoisseurs of art can gather pleasing impressions from churches and chapels in the Aalen surroundings, for instance in the little old Church of St. Stephen in Wasseralfingen the highly Gothic winged altar by Martin Schaffner; the Protestant church of Fachsenfeld; the restored pilgrimage church of St. Mary on the Kirchberg of Unterkochen; the parish church of Aalen, built in Rococo style; the church of St. John in the graveyard of Aalen, the oldest sacred building in the whole of Eastern Württemberg; the collection of paintings in the castle to Fachsenfeld; the danse macabre by Sieger Koeder – item of greatest attraction in the Benediction Hall in the graveyard of Ebnat. These are only a few instances.

# La ville ensoleillée au pied du Jura Souabe

*Une ville devient un tout homogène*

La réforme administrative mise en place à l'échelon national en 1971 a été à l'origine de modifications radicales également pour Aalen et pour toute la région environnante. D'importantes communes ayant auparavant des liens économiques avec la ville d'Aalen telles que Dewangen, Ebnat, Fachsenfeld, Hofen, Unterkochen, Waldhausen et Wasseralfingen à laquelle le statut de ville avait été accordé en 1951 ont été intégrées dans la ville principale en tant que circonscriptions administratives; Hofherrnweiler et Unterrombach à l'ouest de la ville avaient déjà été incorporées en 1938. Aalen est devenue un centre étendu allant du Härtsfeld, avec Ebnat et Waldhausen, jusqu'au Welland, avec Dewangen et Fachsenfeld, et comptant aujourd'hui plus de 67 000 habitants.

Seulement 10% du territoire communal couvrant plus de 146 kilomètres carrés sont construits et les forêts occupent un tiers du territoire. Une légère brise souffle preque en permanence en provenance de l'ouest: Aalen n'a pratiquement jamais de brouillard au cours de l'année et offre un air toujours sain et pur. Les travailleurs faisant la navette entre Aalen et les nombreuses entreprises implantées sur l'axe de la vallée du Kocher ainsi que l'attraction exercée par les magasins d'Aalen ont contribué à resserrer les liens entre les habitants de cette »région urbaine« (H. Baumhauer).

*Dans la baie d'Aalen*

Le paysage idyllique de la baie d'Aalen a longtemps été tout aussi méconnu que le charme de l'ancienne ville libre d'Empire. Les champs grimpent lentement le long des coteaux jusqu'à la limite de la forêt, puis la pente s'accentue pour monter jusqu'aux hauteurs d'Albuch et Härtsfeld, qui sont traversés par la vallée du Kocher ayant pris sa source non loin de là.

Une telle vue d'ensemble des sédiments de l'ancienne Mer du Jura a incité depuis longtemps les géologues à la recherche et à l'étude. Le parcours éducatif de la mine aménagée pour les visiteurs dans le Braunenberg montre comment les formations de jurassiques inférieur, moyen et supérieur sont superposées, comment elles peuvent être distinguées et représentées par des fossiles caractéristiques.

C'est pour protéger leur empire des invasions des Germains que les Romains ont autrefois repoussé leurs frontières jusqu'à la région précédant le Jura Souabe. Ils y ont installé vers 150 ap. J.-C. le plus grand camp de cavalerie à proximité du limes réthique, où ils stationnèrent l'Ala II Flavia, une troupe de cavalerie comptant 1000 hommes. Les Romains vinrent ent tant que force militaire, mais ils apportèrent aussi la culture d'un empire, comme le prouvent les très nombreux objets découverts dans la région. Le Musée du Limes ouvert à Aalen dès 1963 sur l'aire de la place fortifiée romaine montre comment on vivait autrefois sur le territoire romain. Des fouilles faites récemment à proximité du Principia, qui abritait l'état-major, ainsi que de ses environs immédiats ont été consolidées et démontrent depuis 1988 en tant que musée à ciel ouvert les dimensions impressionnantes du site.

*L'air des villes confère la liberté*

La continuité de l'habitat après l'occupation par les Alamans et jusqu'à la fondation de la ville par les Hohenstaufen en 1240 n'est certes pas prouvée par des documents mais il est permis de la supposer. C'est plutôt à la suite d'un heureux hasard qu'Aalen est devenue ville libre d'Empire en 1360.

»L'air des villes confère la liberté.« La petite ville connut plutôt diverses contraintes. Contre la volonté du patron – le prieur d'Ellwangen –, le conseil suivit l'exemple de la plupart des villes libres d'Empire et décida en 1575 d'instaurer la Réforme. Aalen ne s'est que lentement remise de la catastrophe de l'incendie qui détruisit la ville 1634 après la bataille de Nördlingen.

Aalen est devenue l'équivalent d'une préfecture wurtembergeoise en 1803. Sa physionomie se modifia lentement. Les murs de la ville furent percés, les remparts nivelés, les portes et tours démolis. Après les épouvantables années des guerres napoléoniennes, la paix était enfin revenue mais la ville ne connut qu'une expansion progressive.

Ouverte en 1828, la tréfilerie sur l'Erlau fut la première usine implantée dans la ville. La construction de la ligne de chemin de fer de la Rems reliant Cannstatt et Wasseralfingen et inaugurée en 1861 apporta de l'argent à la population. A la suite de l'édit royal de 1862 sur la liberté du commerce et de l'industrie, un certain nombre de petits artisans fermèrent leur boutique pour aller travailler à l'usine. Quelques maîtres artisans connurent le succès, eurent de la chance et devinrent fabricants. Des cheminées fumantes devinrent pour Aalen le symbole du progrès et de la prospérité – même si leur suie salissait tout. La machine à vapeur est dans l'intervalle abandonnée comme source centrale d'énergie et de nouvelles zones industrielles respectant l'environnement ont été créées au cours des dernières décennies à l'ouest et au nord d'Aalen, de Wasseralfingen, et d'Unterkochen. L'école supérieure d'enseignement technique d'Aalen assure depuis 1963 la formation d'ingénieurs en dix spécialités et fournit à un grand nombre de ces entreprises la relève en techniciens qualifiés pour devenir des cadres supérieurs.

Construit à proximité de l'école supérieure d'enseignement technique, le centre de technologie d'Aalen offre aux jeunes ingénieurs ayant des idées une aide initialée afin qu'ils puissent devenir leurs propres chefs.

*Noeud routier et ferroviaire*

En raison de sa situation favorable au pied du Jura Souabe et en bordure du Kocher qui traverse ici le Jura Souabe, Aalen est devenue très tôt le point d'intersection de grandes routes importantes (qui sont aujourd'hui les routes fédérales B 19 et B 29). Depuis que la dernière section de l'autoroute 7 reliant Wurzbourg et Ulm a été ouverte à la circulation en 1987, la ville est également reliée au réseau autoroutier européen.

Aalen continue également à être un noeud ferroviaire important. Des rapides assurant la liaison entre Aalen et Stuttgart et Ulm partent toutes les heures et les trains interrégionaux améliorant encore le raccordement au réseau de trains intervilles passent également par Aalen. La traction électrique et les locomotives diesel ont remplacé les locomotives à vapeur d'autrefois: aucun chemin ne passe à côté d'Aalen.

*Du minerai provenant du Braunenberg*

La teneur élevée en minerai de fer du jurassique moyen béta, c'est-à-dire du lias ferrugineux d'environ 50 mètres d'épaisseur, a été découverte et exploitée dès le moyen-âge. Ces couches ont été exploitées entre 1365 et 1945 tout d'abord à ciel ouvert et également par fendues à partir du 18e siècle; le minerai ainsi obtenu était alors traité dans des fours de fusion. La fonderie de Wasseralfingen dont le premier haut-fourneau fut mis à feu dès 1671 devint la plus importante fonderie de la région. L'usine sidérurgique connut au 19e siècle un essor considérable, notamment sous la direction de Wilhelm von Faber du Faur qui améliora la méthode de fusion par un certain nombre d'inventions importantes et qui fit de l'usine la principale fonderie du Wurtemberg. L'État du Baden-Württemberg détient aujourd'hui la majorité des parts de la Schwäbische Hüttenwerke GmbH. Pour des raisons de rentabilité, le dernier haut-fourneau a été mis hors feu en 1925, mais l'extraction de minerai a été poursuivie jusqu'en 1945 dans le Braunenberg ainsi que dans la mine d'Aalen, à gauche du Kocher. L'histoire de l'industrie minière régionale est fort bien présentée par le sentier éducatif consacré à l'exploitation des mines, qui a été inauguré en 1979. La mine pour visiteurs »Tiefer Stollen« (»Galerie Profonde«) a été ouverte en 1987. Un chemin de fer minier permet aux visiteurs de pénétrer horizontalement jusqu'à 800 m de profondeur dans la montagne où ils découvrent alors une reconstitution jusque dans le moindre détail de la technique de l'exploitation minière, mais aussi du travail des mineurs.

En raison de l'effet curatif du climat souterrain une station médicale pour la thérapie de l'asthme a été installée en 1989. Ce qui souffre de maladies respiratoires peut y trouver quelque soulagement.

*Conserver la physionomie de la ville*

Malgré le désir fougueux de progression, notamment au cours des dernières années, les conseillers municipaux d'Aalen ont su conserver tout son charme à la vieille ville. Une politique judicieuse en matière de terrains a garanti que les anciens volumes bâtis pourris soient remplacés par de nouveaux bâtiments et édifices s'intégrant dans la physionomie familière de la ville. Plus tôt qu'ailleurs, la vieille ville qui risquait d'être étouffée par la circulation et les gaz d'échappement a été transformée en une zone piétonnière répondant aux besoins et désirs des citoyens de la ville. Les vieilles maisons semblant valoir la peine d'être conservées, comme par exemple dans la Radgasse si romantique, ont été restaurées poutre par poutre. Des magasins modernes mais aussi des appartements répondant aux besoins de notre époque rendent le centre de la ville intéressant et agréable à habiter.

Le secteur de la gastronomie a lui aussi beaucoup changé et il n'est pas rare qu'un établissement ayant une enseigne historique serve aujourd'hui des mets exotiques. Quelques cuisiniers locaux maintiennent toutefois encore le flambeau de l'hospitalité traditionnelle d'Aalen et les prix sont aussi supportables que possible. Et il y a aussi encore les cafés, pubs et petits salons de thé agréables et confortables, qui portent souvent des noms inhabituels.

Sur la Marktplatz (Place du Marché), l'ancien Hôtel de Ville abrite aujourd'hui le Musée Paléontologique très connu dans les milieux spécialisés et où sont exposés des fossiles provenant des sédiments de la Mer du Jura qui recouvrait autrefois la baie d'Aalen. L'espion, symbole de la ville qu'avait déjà remarqué Goethe en 1797 alors qu'il traversait la ville, souhaite la bienvenue du haut de la petite tour de cet Hôtel de Ville qui est le plus ancien de la ville d'Aalen. Le »Krone-Post«, tout à côté, a été le siège de la municipalité de 1907 à 1975; il abrite maintenant le théâtre de la ville d'Aalen – une troupe de jeunes acteurs professionnels qui a trouvé refuge dans l'ancienne salle des séances – et le Kunstverein qui y dispose d'une galerie abritant des expositions permanentes. Au Musée régional et Musée Schubart la ville présente des objets rappelant l'histoire de la ville et du poète de la liberté Christian F. D. Schubart, qui a été son plus grand fils.

La fontaine du marché est ornée d'une sculpture de l'empereur Joseph Ier aux pieds duquel se tient deux fois par semaine le marché d'Aalen célèbre pour la richesse et la variété des produits offerts. On s'y retrouve pour bavarder et le marché devient ainsi un lieu de communication des citoyens entre eux.

A l'extérieur, devant la Gmünder Tor (Porte de Gmünd), a été construite le Torhaus, qui est un centre culturel généreusement structuré conçu pour abriter la bibliothèque municipale et l'université populaire. Au pied de la Schillerhöhe, tout à côté du Limesmuseum (Musée du Limes), se trouve la salle des fêtes construite en 1957; agrandie et transformée en 1988/89, elle permet de recevoir désormais également des orchestres et de troupes de théâtre exigeants.

*Loisirs et sports*

Une offre judicieuse dans le domaine des loisirs est également un défi pour les municipalités. La ville souhaite encourager les efforts personnels. Les associations sportives et d'éducation physique reçoivent des subventions pour agrandir leurs stades, halles et foyers car le sport de masse est indispensable pour pouvoir réaliser des performances. Des parkings pour amateurs de randonnées pédestres sont le point de départ de sentiers pédestres sur le Härtsfeld et sur l'Albuch où l'on jouit, du haut de la tour sur l'Aalbäumle, d'un immense panorama sur toute la région; derrière Unterkochen, dans la solitude discrète de la forêt, le Kocher prend naissance avec un grand nombre de sources joyeuses et alertes.

Entre la forêt de Rohrwang et la ville se trouve le grand centre de sport avec des terrains de sport, un gymnase, une patinoire et l'important complexe du club d'équitation d'Aalen. Cinquante kilomètres de pistes pour le ski de fond et un remonte-pente sont à la disposition des amateurs de ski.

Médecine préventive: faire régulièrement des exercices physiques en plein air ou dans de l'eau thermale pétillante évite de devoir aller souvent chez le médecin. C'est pour cela que de nombreux visiteurs peuvent »se baigner comme les Romains« dans les Thermes du Limes ouverts en 1985; cette piscine d'eau minérale ayant une température de 35 °C

offre plusieurs bassins de plein air et couverts et l'on y jouit d'un panorama allant du Braunenberg jusqu'au Welland en passant par les monts d'Ellwangen.
Un vaste complexe hôtelier a été inauguré en 1994 tout près des thermes; son clientèle ne se restreint pas aux baigneurs.

*Des joyaux en bordure de la route*

Les églises et chapelles de la région d'Aalen permettent à l'amateur d'art lui aussi d'éprouver encore les joies de la découverte: le triptyque gothique de Martin Schaffner dans la vieille église »Stefanskirchle« de Wasseralfingen, l'église protestante de Fachsenfeld, l'église de pèlerinage à Notre-Dame sur le Kirchenberg d'Unterkochen restaurée dans toute son ancienne splendeur, l'église municipale d'Aalen construite à l'époque rococo, l'église Saint-Jean dans le cimetière d'Aalen, qui est le plus ancien édifice sacré de l'est du Wurtemberg, la collection de tableaux dans le château de Fachsenfeld et la Danse Macabre de Sieger Koeder, centre d'attraction au cimetière d'Ebnat – et ce ne sont là que quelques exemples.

1  Aalen aus der Luft: Um den historischen Stadtkern haben sich zahlreiche Neubaugebiete geschart.

1  Aerial view of Aalen: many newly-built settlements are grouped around the historical town-centre.

1  Vue aérienne d'Aalen: de nombreux quartiers nouveaux se sont groupés autour du centre historique de la ville.

2 Der Marktbrunnen; im Hintergrund der Turm mit dem Spion, dem Wahrzeichen von Aalen
3 Der Aalener Wochenmarkt, Stätte der Begegnung

2 The market fountain; in the background the tower with the spy, the landmark of Aalen
3 The weekly market of Aalen – meeting point for many people

2 La fontaine du marché avec, derrière, la tour avec l'espion, qui est le symbole d'Aalen.
3 Le marché hebdomadaire d'Aalen est un lieu de rencontre.

4 Wohn- und Geschäftshausgruppe am Spritzenhausplatz
5 Die historische Radgasse: Alte Bausubstanz wurde vor dem Verfall bewahrt.

4 Group of houses and shops at the Spritzenhausplatz
5 The historical Radgasse: preservation of ancient building-substance

4 Groupe d'immeubles résidentiels et administratifs acquis sur la Spritzenhausplatz
5 La pittoresque ruelle Radgasse: d'anciens volumes bâtis ont été préservés du délabrement.

*6–9  Feste in der Stadt und ihren Stadtteilen: Heimattage in Wasseralfingen (oben links), 800-Jahr-Feier in Waldhausen (oben rechts), die Reichsstädter Tage (links u. rechts)*

*6–9  Festivities in the town and its suburbs: town festival in Wasseralfingen (above left), 800-year festivities in Waldhausen (above right), the »Reichsstädter Tage« (left and right)*

*6–9  Les fêtes de la ville et de ses quartiers: la fête du pays à Wasseralfingen (en haut à gauche), huitième centenaire de Waldhausen (en haut à droite), les »Reichsstädter Tage« (à gauche et à droite)*

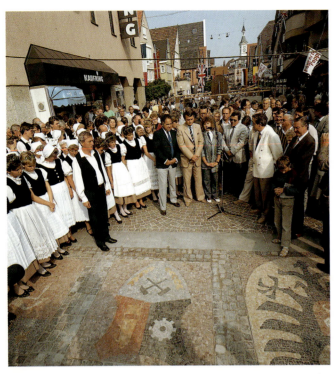 

*10–14 Die Reichsstädter Tage mit Delegationen aus den Partnerstädten Tatabánya (oben links), St. Lô (oben rechts), Antakya (unten links) und Christchurch (rechte Seite) sowie einer Trachtengruppe aus der einstigen Wischauer Sprachinsel, für die Aalen Patenstadt ist (unten rechts).*

*10–14 The »Reichsstädter Tage« with delegations from the twin towns of Tatabánya (above left), St. Lô (above right), Antakya (below left) and Christchurch (on the right) including a group dressed in traditional costume from the former linguistic enclave of Wischau adopted as Aalen's twin town (below right).*

*10–14 Les »Reichsstädter Tage« participent les délégations des villes jumelées, Tatabánya (en haut à gauche), St. Lô (en haut à droite), Antakya (en bas à gauche) et Christchurch (page droite), de même qu'un groupe en costume folklorique du pays de Vyškov, ancienne enclave germanophone en Tchécoslovaquie, dont Aalen est la ville marraine (en bas à droite).*

15  Von Bedeutung für das kulturelle Leben der Stadt: die im Torhaus weiträumig untergebrachte Stadtbibliothek

15  Important for the town's cultural life: the extensive town library situated in the town gatehouse

15  La bibliothèque municipale qui occupe les vastes locaux du porche reflête la vitalité culturelle de la ville.

17  Kulturzentrum im Stadtkern: Im Alten Rathaus befinden sich das Theater der Stadt Aalen, der Kunstverein und das Café Podium.

17  Cultural centre in the middle of the town: The Aalen Municipal Theatre, Arts Society and Café Podium can all be found in the old town hall.

17  Le Centre culturel au centre-ville: dans l'Ancien Hôtel de ville se trouvent le Théâtre de la ville d'Aalen, l'Association pour les Arts et le café Podium.

16  Im Obergeschoß des Alten Rathauses stehen dem Kunstverein adäquate Ausstellungsräume zur Verfügung.

16  Suitable exhibition space for the Arts Society on the top floor of the old town hall.

16  A l'étage supérieur de l'Ancien Hôtel de ville, l'Association pour les Arts dispose des lieux adéquats pour ses expositions.

19  Die Rathausgalerie – Ausstellungsraum der Stadt

19  The Town Hall Gallery – the town's exhibition space

19  La galerie d'art de l'Hôtel de ville – foyer d'expositions de la ville

◁ 18  Mosaik von Ernst Wanner im Torhaus

18  Mosaic by Ernst Wanner in the Torhaus

18  Mosaïque d'Ernst Wanner dans le Torhaus

◁ 20  Der »Brezgablase-Brunnen« von Prof. Fritz Nuss erinnert an ein Original der Stadt.

21  Der Brunnen vor dem Rathaus zeigt die Geschichte der Stadt von den Römern bis heute. Er ist ebenfalls ein Werk von Prof. Fritz Nuss.

20  Professor Fritz Nuss' »Brezgablase-Fountain« recalls a town character.

21  The fountain in front of the town hall unfurls the history of the town from Roman times to the present day. Another work by Professor Fritz Nuss.

20  La fontaine dédiée au »Brezgablase«, réalisée par le professeur Fritz Nuss, rappelle le souvenir d'un original de la ville.

21  La fontaine devant l'Hôtel de ville, également de la main du professeur Fritz Nuss, montre l'histoire de la ville depuis ses origines romaines jusqu'à nos jours.

◁ 22  Der nachgebildete Stadtbach, eine Attraktion für die Kinder

23  Blick in die Hauptstraße der ehemaligen Reichsstadt

22  The newly constructed municipal brook is a special attraction for the children

23  View of the High Street of the former imperial town

22  Reconstitué, le ruisseau municipal est une attraction pour les enfants

23  La rue principale de l'ancienne ville libre d'empire

24  Die Johanniskirche, älteste Kirche der Stadt, mit Fresken aus dem 12. Jahrhundert
25  Alte und moderne Kunst in der Barbarakapelle in Unterkochen.

24  Johanniskirche, the oldest church in the town, with frescoes from the 12th century
25  Ancient and modern art in the Chapel of St. Barbara in Unterkochen

24  La Johanniskirche est la plus ancienne église de la ville; elle renferme des fresques du 12e siècle.
25  Art ancien et moderne dans la chapelle Ste. Barbe à Unterkochen

26  Renaissance-Epitaph in der evangelischen Kirche zu Fachsenfeld

26  Renaissance epitaph in the Protestant church in Fachsenfeld

26  Epitaphe Renaissance dans l'église protestante de Fachsenfeld

27  Juwel spätgotischer ulmischer Kunst: der Martin-Schaffner-Altar in der Stefanskapelle von Wasseralfingen

27  A jewel of late Gothic style of Ulm: altar by Martin Schaffner in the chapel of St. Stephanus Wasseralfingen

27  L'autel de Martin Schaffner dans la chapelle St. Stephanus de Wasseralfingen est un joyau de l'art gothique flamboyant d'Ulm.

*28–30 Die evangelische Stadtkirche (St. Nikolaus) in Aalen. 1766–1771 im Stil des Spätbarocks errichtet, der Kirchenraum als Quersaal angelegt; Kanzel, Altar und Taufstein stehen im Mittelpunkt; der Schalldeckel auf der Kanzel stammt von Thomas Schaidhauf (rechts).*

*28–30 The Protestant parish church of St. Nikolaus in Aalen; built 1766–1771 in late Baroque style, the inside of the church ist constructed as transverse hall with pulpit, altar and baptismal font as centre of attraction; the abat-voix above the pulpit was constructed by Thomas Schaidhauf (on the right).*

*28–30 L'église paroissiale protestante St. Nikolaus à Aalen. Construit entre 1766 et 1771 dans le style baroque tardif, l'intérieur de l'église est conçu comme une nef transversale; la chaire, l'autel et les fonts baptismaux sont au centre; l'abat-voix au-dessus de la chaire est l'oeuvre de Thomas Schaidhauf (à droite).*

31/32 Wallfahrtskirche St. Maria in Unterkochen. Deckengemälde von Joh. Anwander und Blick zum Chor

31/32 Pilgrimage church of St. Mary in Unterkochen. Ceiling painting by Joh. Anwander and view of the choir

31/32 Eglise de pèlerinage St. Maria à Unterkochen. Fresques de plafond de Joh. Anwander et choeur

33  Die katholische Salvatorkirche, erbaut 1911–1913 im Neo-Renaissance-Stil
34  Flügelaltar von Sieger Köder in der Pfarrkirche von Wasseralfingen

33  The Catholic Salvatorkirche, built in 1911–1913 in late Renaissance style
34  Wing-altar by Sieger Köder in the parish church of Wasseralfingen

33  L'église catholique Salvatorkirche de style néo-Renaissance a été construite entre 1911 et 1913
34  Triptyque de Sieger Köder dans l'église paroissiale de Wasseralfingen

35  Das Bürgerspital ist heute eine Altenbegegnungsstätte.

36  Die Plastik »Die große Parabel« vor dem Landratsamt von Klaus H. Hartmann und der »Gruppe Odious« verweist auf den darunter fließenden Kocher.

35  The hospital »Bürgerspital« is now a meeting place for the elderly.

36  The sculptures »The Immense Parabola« in front of the rural district office by Klaus H. Hartmann and »Group Odious« refer to the river Kocher flowing beneath.

35  Le Bürgerspital est aujourd'hui un lieu de réunion pour les personnes du troisième âge.

36  Devant la préfecture, la sculpture de la »Grande Parabole«, réalisée par Klaus H. Hartmann et le groupe Odious, attire le regard aussi sur la rivière du Kocher qui coule en contrebas.

*37 Reiterhelm aus römischer Zeit im Limesmuseum*
*38 »Aufmarsch der Truppen« bei den Römertagen, die alle zwei Jahre stattfinden.*

*37 Horseman's helmet of Roman times in the Limes Museum*
*38 »The troops march forward« at the biannual Roman festival*

*37 Casque de cavalier de l'époque romaine dans le Musée du Limes*
*38 »Les légions se rassemblent« lors de la fête des Romains qui a lieu tous les deux ans.*

39 Backmodel (Heimat- und Schubart-Museum)

39 Baking mould (Local History- and Schubart Museum)

39 Moule à gâteau (Musée régional et Musée Schubart)

40 Pleydelia aalensis, eine für das Jurameer, das einst unsere Gegend bedeckte, typische Versteinerung (Urzeitmuseum)

40 Pleydelia aalensis, a fossil typical for the Jura sea which covered this area in ancient times (Prehistoric Museum).

40 »Pleydelia aalensis« qui est un fossile caractéristique de la Mer du Jura qui recouvrait autrefois notre région (Musée paléontologique).

41  Büste des Dichters Christian F. D. Schubart (Heimat- und Schubart-Museum)

41  Bust of the poet Christian F. D. Schubart (Local History- and Schubart Museum)

41  Buste du poète Christian F. D. Schubart (Musée régional et Musée Schubart)

42/43 Die Limes-Thermen ziehen Heilungs- und Erholungssuchende von weither an.

42/43 The Limes thermal springs attract people from afar in search of healing and relaxation.

42/43 Les Thermes du Limes réthique attirent des personnes venues de loin chercher ici guérison et détente.

45 Freilichtaufführung des Theaters der Stadt Aalen in den Limes-Thermen

45 Open-air performance by the Aalen Municipal Theatre in the Limes thermal springs

45 Spectacle de plein air représenté par le Théâtre de la ville d'Aalen dans les Thermes du Limes.

◁ 44 Das Treff-Hotel bei den Limes-Thermen

44 The Treff Hotel at the Limes thermal springs

44 L'hôtel Treff près des Thermes du Limes

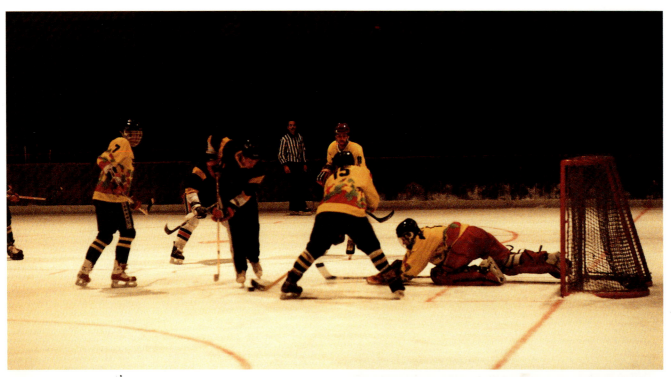

*46–49* Sport überall: Eishockey in der Greuthalle (oben), Kunstkraftsport der Jüngsten (unten links) und die Ringer des Kraftsportvereins Germania (unten rechts und rechte Seite)

*46–49* Sports of all kinds: ice-hockey in Greut Hall (above), artistic gymnastics oft the youngest (below left) and the wrestlers from the sports club Kraftsportverein Germania (below right and right page)

*46–49* Activités sportives partout: hockey sur glace dans la Greuthalle (en haut), éducation gymnique des plus jeunes (en bas à gauche) et lutteurs de l'union d'éducation gymnique Germania (en bas à droite et à droite).

50   In den modernen Gebäuden der Mediengruppe Süddeutscher Zeitungsdienst, *des führenden grafischen Betriebs in der Region,* wirken 400 Mitarbeiter an den Tageszeitungen »Schwäbische Post« und »Gmünder Tagespost« mit.

50   400 employees work in the modern buildings of the Mediengruppe Süddeutscher Zeitungsdienst, *the leading graphic enterprise of the region, producing the daily newspapers »Schwäbische Post« and »Gmünder Tagespost«.*

50   Dans les bâtiments modernes du Mediengruppe Süddeutscher Zeitungsdienst, *la grande entreprise d'arts graphiques de la région,* 400 personnes travaillent à la réalisation des quotidiens »Schwäbische Post« et »Gmünder Tagespost«.

51 Der private Rundfunksender bedient von Aalen aus seine Hörer in der gesamten Region Ostwürttemberg mit flotter Musik, Nachrichten aus aller Welt und der Region sowie guter Unterhaltung. RADIO7,1 – »Total regional«.

51 The private station serves listeners in the whole East Württemberg region with good music, world and regional news and exemplary entertainment from its base in Aalen. RADIO7,1 – »Total regional«.

51 Émetteur privé à Aalen, offre aux auditeurs de la région entière de l'Est-Wurtemberg de la musique moderne, des actualités internationales et régionales, bref, tout pour plaire: RADIO7,1 – »Total regional«.

52  Gegründet am 6. Mai 1949 in Aalen, präsentiert sich das Stammhaus der Firma Papier Geiger als markanter Neubau im Westen von Aalen. Die Firma unterhält eine Filiale in Fellbach und je ein Verkaufsbüro in Bühl und in Tettnang.

52  Founded on 6th May 1949 in Aalen, the firm Papier Geiger can be seen in a striking new building in the west part of Aalen. The firm has a branch establishment in Fellbach and a sales office in Bühl and in Tettnang.

52  Fondée le 6 mai 1949 à Aalen, la maison Papier Geiger se présente comme construction nouvelle marquante à l'ouest d'Aalen. La maison a une succursale à Fellbach et deux bureaux de vente: à Bühl et à Tettnang.

53  Die Eisen- und Drahtwerk Erlau AG hat als älteste Aktiengesellschaft Süddeutschlands ein top-aktuelles Herstellungs- und Vertriebsprogramm im Ketten-, Humantechnik- und Außenmöbel-Bereich.

53  The Eisen- und Drahtwerk Erlau AG has – being the oldest public company in southern Germany – a top up-to-date production and sales programme for chains, human technology and in the field of outdoor furniture.

53  La société Eisen- und Drahtwerk Erlau AG a, en tant que plus ancienne société anonyme en Allemagne du Sud, la haute de gamme en chaines, technologie humaine et meubles extérieures.

54  Spaß im Wasser bietet das Freibad im Hirschbachtal.
55–60  Sommerliche und winterliche Freizeitaktivitäten im Stadtgebiet

54  Fun in the water: the outdoor swimming-pools in the Hirschbach valley
55–60  Recreational acitivities in Summer and Winter in the vicinity of the town

54  Plaisirs de l'eau: la piscine en plein air dans la vallée du Hirschbach
55–60  Activités d'été et d'hiver offertes pour les loisirs sur le territoire de la ville

61   Die Stadthalle, der »Musentempel« der Stadt Aalen

61   The town's theatre and meeting centre: Aalen's »Temple of the Muses«

61   La Halle de la ville d'Aalen, »temple des muses«

62   Tanzturnier im Großen Saal der Stadthalle

62   Dancing contest in the Grand Chamber of the town's theatre and meeting centre

62   Concours de danse dans la Grande salle de la Halle

63 Die Kranichgruppe von Prof. Fritz Nuss im Stadtgarten
64 Eine Dampflokomotive vor dem Berufsschulzentrum demonstriert die Bedeutung der Eisenbahn für Aalen.

63 Group of cranes, another work by Professor Fritz Nuss, in the municipal park
64 A steam-engine in front of the trade-school centre demonstrates the significance of the railway for Aalen.

63 Groupe de grues, réalisée par le professeur Fritz Nuss, dans le parc municipal
64 Devant le centre de formation professionelle, une locomotive à vapeur illustre l'importance des chemins de fer pour Aalen.

66 Radfahren im Dossinger Tal auf dem Härtsfeld

66 Cycling in the Dossingen Valley on the Härtsfeld

66 Cyclistes au Härtsfeld dans la vallée de Dossingen.

◁ 65 Der neue Aussichtsturm auf dem Aalbäumle, dem Aalener Hausberg

65 The new observation tower on the Aalbäumle, the town's neighbouring mountain

65 La nouvelle tour en haut du Aalbäumle, mont »privé« des habitants d'Aalen, offre une belle vue.

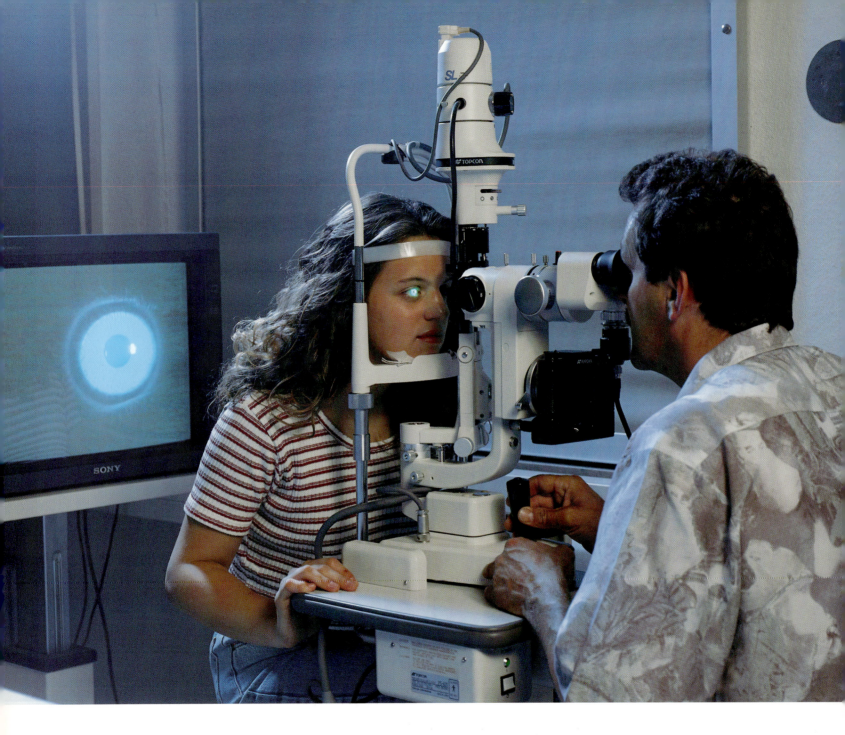

67 Im Labor des Fachbereichs Augenoptik an der Fachhochschule Aalen wird der Sitz einer Kontaktlinse mit Hilfe eines speziellen Mikroskops beurteilt.

67 In the laboratory of Aalen Polytechnic's Specialist Optical Department a specially-designed microscope is used to assess the fit of a contact lens.

67 Aux laboratoires d'optique lunetière à l'IUT d'Aalen, on vérifie à l'aide d'un microscope spécial si la lentille de contact est mise comme il faut.

68  hema Elektronik. *Industriegebiet West, Aalen. Seit 1978 Entwicklung von kundenspezifischer, innovativer Industrieelektronik, grafische Systeme, Elektronikfertigung*

68  hema Elektronik *in the industrial area west of Aalen. Since 1978, development of customer-specific, innovative industry electronics, steering and regulating technology, graphic systems and the production of electronic elements*

68  *Implantée dans la zone industrielle ouest d'Aalen,* hema-Elektronik *assure depuis 1978 l'étude de produits innovateurs répondant aux désirs spécifiques des clients dans les secteurs de l'électronique industrielle.*

*69   Besucher-Bergwerk »Tiefer Stollen« am Braunenberg. Mit der Grubenbahn fahren die Besucher 800 Meter in das frühere Bergwerk ein.*

*69   Visitors to the »Deep Pits« mine at Braunenberg. Visitors travel down 800 metres into the old mines with the pit train.*

*69   L'ancienne »Galerie Profonde« du Braunenberg devenue mine-musée. Un chemin de fer minier descend les visiteurs à 800 mètres de profondeur à l'intérieur de la mine.*

70 Heilung im Berg: Asthmatherapie im »Tiefen Stollen«

70 Health in the mountains: Asthma therapy at the »Deep Pits«

70 La montagne guérit: thérapie de l'asthme dans la »Galerie Profonde«

71 Löwenbrauerei Wasseralfingen. *Im Sudhaus, dem Herzen der Brauerei, entstehen tagtäglich »rund um die Uhr«, annähernd 100 000 Gläser bestes Wasseralfinger Bier.*

71 Löwenbrauerei Wasseralfingen. *In the brewing house, the heart of the brewery, almost 100 000 glasses of the best beer of Wasseralfingen are won daily »around the clock«.*

71 *Dans la salle de brassage, qui est l'élément vital de la* Löwenbrauerei de Wasseralfingen, *sont produits chaque jour et vingt-quatre heures sur vingt-quatre environ 100 000 verres de l'excellente bière de Wasseralfingen.*

74  Gußeiserne Öfen sind Teil der ständigen Ausstellung zur Heimatgeschichte im Wasseralfinger Bürgerhaus.

74  Cast iron ovens form part of the permanent local history exhibition in Wasseralfingen's town house.

74  Les poêies en fonte font partie de l'histoire de la région exposée en permanence à la Maison du Citoyen de Wasseralfingen.

◁ 73  Ehem. Betsaal der Bergknappen bei der Erzgrube Wasseralfingen (links).

73  The former miners' chapel near the ore mine of Wasseralfingen (on the left)

73  Ancienne salle du culte des mineurs de la mine métallique de Wasseralfingen (à gauche).

◁ 72  Vorhergehende Seite: Das Schloß in Wasseralfingen, eine ehemalige Wasserburg

72  Previous page: The castle in Wasseralfingen was formerly a moated castle.

72  Page précédente: Le château de Wasseralfingen est un ancien château entouré d'eau.

75 Maschinenfabrik Alfing Kessler GmbH
*Kurbelwellen, Schmiedestücke, Induktionshärtemaschinen*
Crankshafts, forgings, induction hardening machines
Vilebrequins, pièces forgées, machines de trempe par induction

75 Alfing Kessler Sondermaschinen GmbH
*Sondermaschinen, Feinstbohrwerke, Transferstraßen, flexible Fertigungssysteme.*
Special purpose machines, fine boring machines, transfer lines, flexible production systems.
Machines spéciales, aléseuses de précison, lignes de transfert, systemes flexibles de production.

75 Alfing Montagetechnik GmbH
*Schraubtechnik, Montagemaschinen/-anlagen, Pleuelautomation*
Nut Running Equipment, Assembly Plant and Machines, Connecting Rod Automation
Moyens de vissage, Installations/Machines d'assemblage, Manutention de bielles

76 CNC-Werkzeugmaschinen, Verfahrenstechnische Anlagen, Sinterformteile und Werkzeuge, Gußformteile, Blankstahl sowie Wellen – mit einer breiten Erzeugnispalette markiert das Werk Wasseralfingen der *Schwäbische Hüttenwerke GmbH, gegründet 1671,* den ältesten Industriezweig der Stadt, die Eisenerzeugung und -weiterverarbeitung.

76 With an extensive production range comprising CNC-based machine tools, process equipment, sintered parts and tools, castings, bright steel and shafts, the Wasseralfinger Works of *Schwäbische Hüttenwerke GmbH, founded in 1671,* represent the oldest industrial branch in town – the production and mechanical treatment of iron.

76 Avec une vaste gamme de production comprenant des machines-outils CNC, des installations technologiques de procédés industriels, des pièces frittées et outillages, des pièces coulées, de l'acier blanc et des arbres, l'usine de Wasseralfingen de la *Schwäbische Hüttenwerke GmbH, fondée en 1671,* réprésente la plus ancienne branche industrielle de la ville, soit la production et la transformation de métaux ferreux.

77 Das Dorfzentrum von Hofen mit der Pfarrkirche und der St. Ottilienkapelle
78 Die Kirche Mariä Himmelfahrt in Dewangen

77 Hofen's village centre with the parish church and St. Ottilien's Chapel
78 The church Mariä Himmelfahrt in Dewangen

77 Le centre du village de Hofen avec l'église paroissiale et la chapelle de Sainte Odile
78 L'église Mariä Himmelfahrt à Dewangen

79 Wallfahrtskirche Unterkochen mit der gotischen St.-Barbara-Kapelle
80 Der Kocherursprung bei Unterkochen, ein viel besuchtes Ausflugsziel

79 Pilgrimage church of Unterkochen with the Gothic-style chapel of St. Barbara
80 The scource of the River Kocher near Unterkochen is an often frequented excursion resort

79 Eglise de pélerinage de Unterkochen avec la chapelle gothique de Ste. Barbe
80 La source du Kocher près du Unterkochen est un but d'excursion pour de nombreux visiteurs

81  Die RUD-Kettenfabrik Rieger & Dietz GmbH u. Co. in Unterkochen gilt als eine der weltweit modernsten Kettenproduktionsstätten. Seit der Gründung im Jahre 1875 befindet sich das Werk in Familienbesitz. Qualifizierte Mitarbeiter fertigen RUD-Ketten und Bauteile, die in mehr als 100 Ländern der Erde im Einsatz sind.

81  The RUD-Kettenfabrik Rieger & Dietz GmbH u. Co. in Unterkochen is reputed to be one of the most modern chain production facilities in the world. Since the foundation, the company has been family-owned. Qualified employees are engaged in the manufacture of RUD chains and components, which are in use in more than 100 countries all over the world.

81  L'entreprise RUD-Kettenfabrik Rieger & Dietz GmbH u. Co. à Unterkochen est considerée comme l'un des lieux de production de chaînes les plus modernes au monde. Depuis la fondation, l'usine est restée propriété familiale. Ses employés hautement qualifiés produisent les chaînes RUD, qui sont utilisées dans plus de 100 pays du monde.

82   Dank der Umgehungsstraße hat Unterkochen einen autofreien Ortskern.

82   Thanks to the by-pass the centre of Unterkochen is a pedestrian precinct.

82   Grâce au périphérique, Unterkochen a pu libérer son centre des voitures.

83 Silberdisteln, Kennzeichen der Härtsfeldlandschaft, und Schäfer im Naturschutzgebiet Dellenhäule bei Waldhausen

84 Kirche und Pfarrscheuer in Ebnat

Nächste Seite:
85 Seit 1987 ist Aalen durch die Autobahn A 7 an das übernationale Straßenverkehrsnetz angebunden.

83 Silver thistles, characteristic for the Härtsfeld landscape, and shepheards in the protected area of Dellenhäule near Waldhausen

84 Church and parish barn in Ebnat

Next page:
85 Since 1987, Aalen is connected to the international street-traffic network with the Autobahn A 7.

83 Chardons argentés, qui sont le symbole de le la région de Härtsfeld, et berger dans la réserve naturelle de Dellenhäule près de Waldhausen

84 Eglise et »grenier paroissial« à Ebnat

Page suivante:
85 Depuis 1987, l'autoroute A 7 relie Aalen au réseau autoroutier international.

# Bücher über Aalen und die Ostalb

### Aalener Jahrbuch
Herausgegeben vom Geschichts- und Altertumsverein Aalen e.V. Das Jahrbuch erscheint alle zwei Jahre. Eine Fundgrube für jeden, der sich für die Kulturgeschichte Aalens und des Aalener Raums interessiert.

### Aalen
Geschichte und Kultur zwischen Welland und Härtsfeld. Von Karlheinz Bauer. 196 Seiten mit 191 Abbildungen, davon 10 in Farbe.
Ein Textbildband über die Geschichte und Gegenwart der Stadt Aalen und ihrer Umgebung.

### Besucherbergwerk Tiefer Stollen
Erzbergbau in Aalen-Wasseralfingen. Von Hans-Joachim Bayer und Gerhard Schuster. 174 Seiten mit 131 Abbildungen und 11 Farbtafeln.
Der offizielle Führer durch das Besucherbergwerk mit einer Dokumentation über den Erzbergbau in der Ostalbregion.

### Kunstszene Ostwürttemberg
Von Hermann Baumhauer. 134 Seiten mit 63 farbigen Abbildungen.
Das vorliegende Buch zeichnet erstmals die Entwicklung des Kunstschaffens in der Region Ostwürttemberg seit dem Beginn des 20. Jahrhunderts nach und erläutert die Werke ihrer kreativen Vertreter.

### Ernst Wanner
Mit einer Einführung von Hermann Baumhauer. 96 Seiten mit 50 Farbtafeln.
Das Buch führt in die Erlebniswelt eines meditativen Malers, der sich durch die intensive Bildkraft einer anspruchsvollen Malkultur einen charakteristischen Platz in der schwäbischen Nachkriegskunst erworben hat.

### Ostalb
Bild einer Kulturlandschaft. Von Hermann Baumhauer und Joachim Feist. 180 Seiten mit 112 Tafeln, davon 46 in Farbe.
Der große Textbildband über die Region Ostalb, ein Wegweiser durch Landschaft, Natur und Lebensraum Ostwürttembergs.

### Kunst- und Kulturdenkmale im Ostalbkreis
Von Konrad A. Theiss. 405 Seiten mit 280 Abbildungen und 16 Farbtafeln.
Der reich bebilderte und handliche Führer zu den kunsthistorischen Sehenswürdigkeiten aller Epochen im Ostalbkreis, die in diesem Band erstmals zusammengefaßt vorgestellt werden.

### Neresheim und das Härtsfeld
Von Ottmar Engelhardt. 120 Seiten mit 70 Tafeln, davon 15 in Farbe.
Das Härtsfeld, weiträumig, herb und doch lieblich, mit Wacholderheiden, weiten Wäldern und stillen Dörfern, Burgen und Schlössern, wird in Bild und Text ausführlich vorgestellt.

### Schwäbisch Gmünd
Von Ludwig und Peter Windstoßer. 124 Seiten mit 80 Tafeln, davon 30 in Farbe.
Der große Bildband über die »Gold- und Silberstadt« Schwäbisch Gmünd mit ausführlichen Texten, einer Übersicht und einer Zeittafel zur Geschichte.

### Führer durch das Ries
Mit Rundgängen, Wanderungen und Ausflügen. Von Klaus Lingel. 308 Seiten mit 92 teils farbigen Abbildungen.
Dieser reich illustrierte Band führt zu den herausragenden kunst- und kulturhistorischen Sehenswürdigkeiten sowie zu den archäologischen Denkmälern des Rieser Beckens. Zahlreiche Vorschläge für Rundfahrten, Rad- und Wandertouren ergänzen diesen neubearbeiteten Führer.

### Der Ostalbkreis
551 Seiten mit 311 Abbildungen.
Das reich bebilderte Sachbuch und Nachschlagewerk mit allem Wissenswerten über den Ostalbkreis:
Land und Leute, Geschichte und Archäologie, Kunst und Kultur, Wirtschaft, Kreis, Städte und Gemeinden.

# Landeskunde - Geschichte - Archäologie

### Hinter der blauen Mauer

Bilder von der Schwäbischen Alb. Von Ernst Waldemar Bauer und Petra Enz-Meyer. 144 Seiten mit 184 farbigen Abbildungen.
Die Schwäbische Alb: ein Wunder der Erde. Ernst Waldemar Bauers Streifzüge zu den Besonderheiten, dem Markanten der »blauen Mauer« in einem reich bebilderten, faszinierenden Buch.

### Das große Buch der Schwäbischen Alb

Herausgegeben von Ernst Waldemar Bauer und Helmut Schönnamsgruber. 216 Seiten mit 410 farbigen Abbildungen.
Ein reich illustriertes Sachbuch mit dem Charakter eines Bildbandes über Geologie, Landschaft, Fossilien, Pflanzen, Geschichte und Menschen der Alb.

### Baden-Württemberg

Bild einer Kulturlandschaft. Von Hermann Baumhauer. 256 Seiten mit 156 Farbtafeln.
Ein Geschenkband, der zu über 150 ausgewählten, besonders eindrucksvollen kulturhistorischen Sehenswürdigkeiten führt.

### Unser Land Baden-Württemberg

Herausgegeben von Ernst Waldemar Bauer, Rainer Jooß und Hans Schleuning.
336 Seiten mit 604 meist farbigen Abbildungen.
Die handliche Gesamtinformation über Baden-Württemberg mit allem Wissenswerten aus Geschichte, Natur, Geographie, Wirtschaft, Technik, Politik und Zeitgeschichte.

### Die Geschichte Baden-Württembergs

Herausgegeben von Reiner Rinker und Wilfried Setzler. 458 Seiten mit 203 Abbildungen auf 104 Tafeln und zahlreichen Abbildungen im Text.
26 Historiker verfolgen die geschichtliche Entwicklung auf dem Boden des heutigen Bundeslandes von der Vor- und Frühgeschichte bis zur Gegenwart.

### Romanik in Baden-Württemberg

Von Heinfried Wischermann. 337 Seiten mit 195 Tafeln, davon 22 in Farbe, und 56 Abbildungen im Text.
Die erste zusammenfassende Darstellung der romanischen Baudenkmäler in Baden-Württemberg.

### Barock in Baden-Württemberg

Von Volker Himmelein, Klaus Merten, Wilfried Setzler und Peter Anstett. 256 Seiten mit 168 Tafeln, davon 78 in Farbe. Ein prächtiger Textbildband über die barocken Baudenkmäler des Landes.

### Der Limes in Südwestdeutschland

Limeswanderweg Main - Rems - Wörnitz. 156 Seiten mit 134 Abbildungen und einer beigelegten Limes-Wanderkarte im Maßstab 1:50 000.
Die ausführliche Beschreibung und zahlreiche Fotos von Landschaften, sichtbaren Bodendenkmälern und interessanten Funden geben einen umfassenden Einblick in die Entstehung des Limes und seine Geschichte.

### Das Freilichtmuseum am rätischen Limes im Ostalbkreis

Führer zu archäologischen Denkmälern in Baden-Württemberg, Band 9. Von Dieter Planck. 190 Seiten mit 135 teils farbigen Abbildungen.
Der Begleiter auf dem Limeswanderweg im Erholungszentrum bei Rainau mit allen Arten der römischen Befestigung in konserviertem oder rekonstruiertem Zustand.

### Der Rosenstein bei Heubach

Führer zu archäologischen Denkmälern in Baden-Württemberg, Band 10. Von Claus Oeftiger und Eberhard Wagner. 128 Seiten mit 67 teils farbigen Abbildungen.
Der Führer zum Rosenstein bei Heubach, seinen zahlreichen Höhlen, den vorgeschichtlichen Wallanlagen und der mittelalterlichen Burg.